PIANO • VOCAL • GUITAR

THE VERY BEST OF
DWIGHT YOAKAM

ISBN-13: 978-1-4234-4685-9
ISBN-10: 1-4234-4685-2

HAL•LEONARD® CORPORATION

7777 W. BLUEMOUND RD. P.O. BOX 13819 MILWAUKEE, WI 53213

Visit Hal Leonard Online at
www.halleonard.com

CONTENTS

HONKY TONK MAN

Words and Music by JOHNNY HORTON,
HOWARD HAUSEY and TILLMAN FRANKS

I love to give the girls a whirl ___ to the mu-sic of an old ___

___ juke-box. ___ But when my mon-ey's all gone, ___

___ I'm on the tel-e-phone, ___ sing-in', "Hey, hey, ma-ma, can your

dad-dy come ___ home?" ___ Well, now a

GUITARS, CADILLACS

Words and Music by
DWIGHT YOAKAM

Girl, you taught __ me how to hurt __ real bad __ and cry __ my - self to sleep. __

- our in this tin - seled land __ of lost __ and wast - ed lives

You showed me how __ this town __ can shat - ter dreams. __

and pain - ful scars __ are all __ that's left of me. __

There ain't no glam -

LITTLE SISTER

Words and Music by DOC POMUS
and MORT SHUMAN

LITTLE WAYS

Words and Music by
DWIGHT YOAKAM

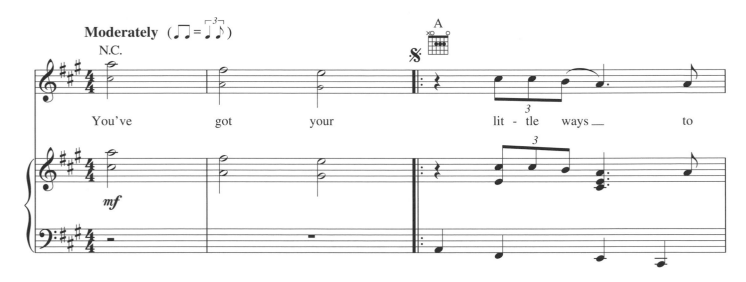

You've got your lit-tle ways __ to

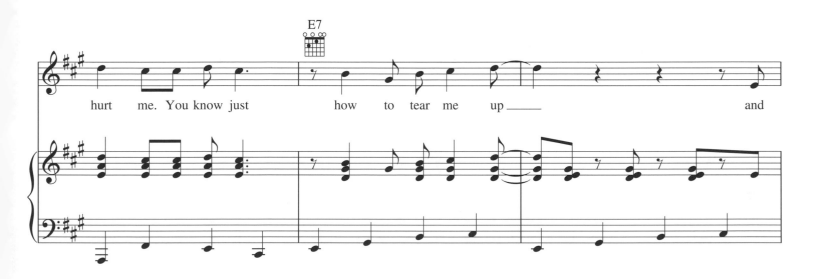

hurt me. You know just how to tear me up __ and

leave me in __ small piec - es on the ground. __

You've got your lit-tle ways __ to hurt me. They're not too big, but they're real tough. __ Just one cold look __ from you could knock me down. __

To look at you __ and me, __ no one would
The sad-ness in __ my eyes __ should some-how be a

PLEASE, PLEASE BABY

Words and Music by
DWIGHT YOAKAM

Fast Country Shuffle

Please, please ba - - by, ba -

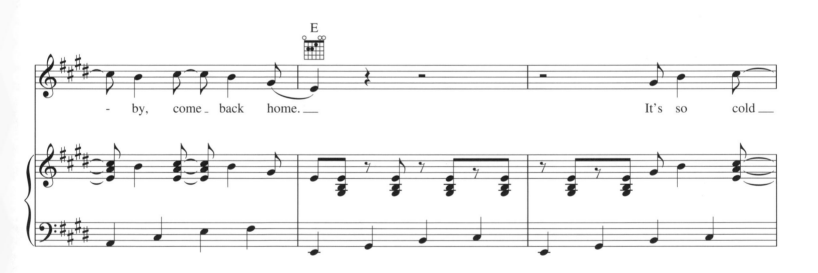

- by, come back home. ___ It's so cold ___

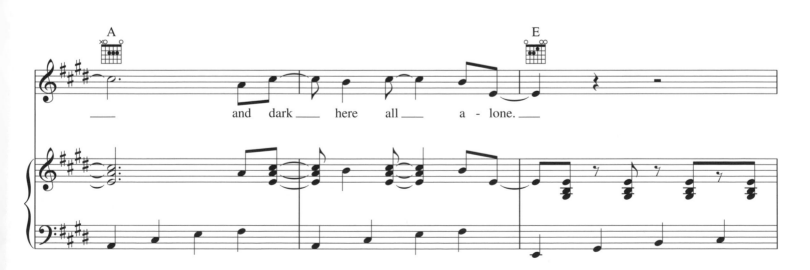

___ and dark ___ here all ___ a - lone. ___

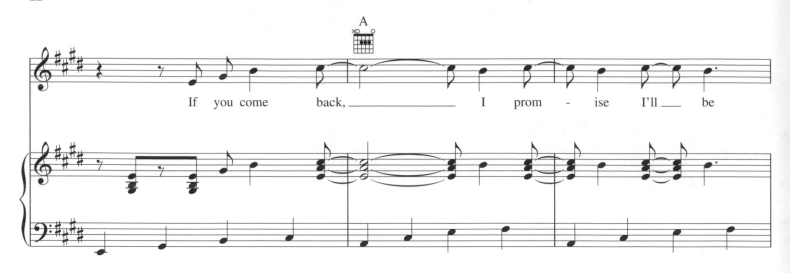

If you come back, _____ I prom - ise I'll __ be

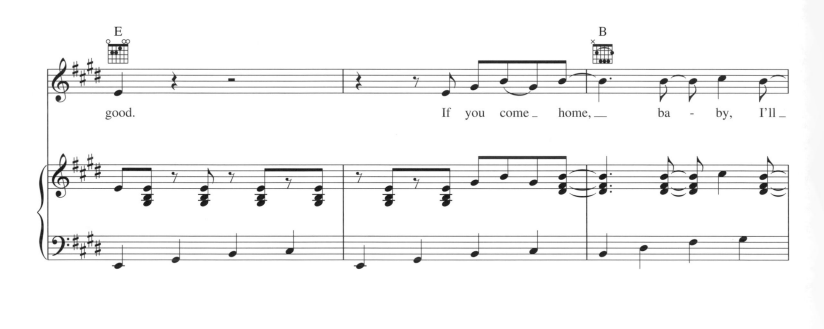

good. If you come _ home, __ ba - by, I'll _

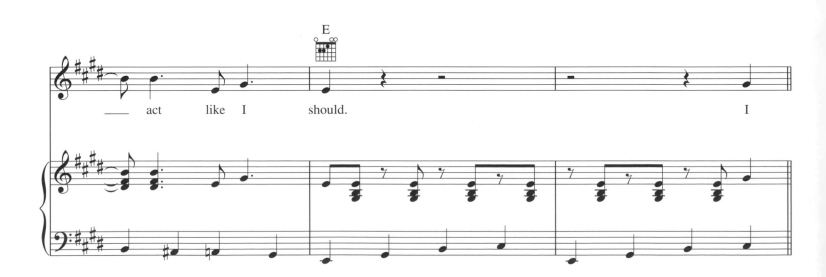

___ act like I should. I

laughed when you packed _____ your bags _____ and told _____ me good - bye. _____
If you don't come home, _____ dear, I _____ know I'll _____ go in - sane. _____

_____ I hol - lered, "I _____ don't need _____ you!" Aw, _____ but hon -
_____ Sweet - heart, I _____ plead guilt - y, dar - lin', I'll _____

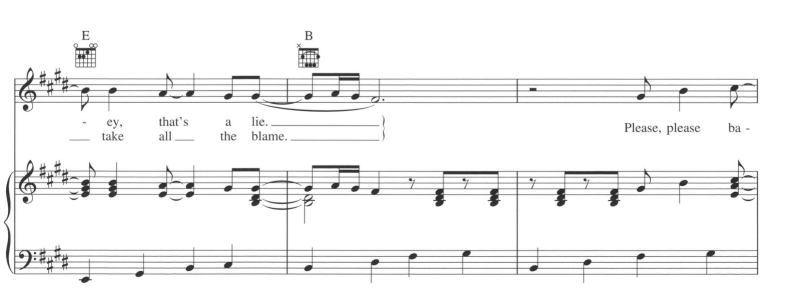

- ey, that's a lie. _____
_____ take all _____ the blame. _____

Please, please ba -

STREETS OF BAKERSFIELD

Words and Music by
HOMER JOY

I came here look-ing for some-thing
Spent some time in San Fran-cis-co,

I could-n't find an-y-where else.
spent a night there in the can.

Hey, I'm not try-ing to be no-
They threw this drunk man in my

bod-y,
jail cell,

just want a chance to be my-self.
took fif-teen dol-lars from that man.

I SANG DIXIE

Words and Music by
DWIGHT YOAKAM

LONG WHITE CADILLAC

Words and Music by
DAVE ALVIN

Some-times I blame __ it on __ the mon - ey,

some-times I blame __ it all __ on

me. __ Train | Head - lights shine, __
| whis - tle cries, __

high - way __ fades __ to black. __ It's my last __ ride, __
lost on __ its __ own track. __ I close my eyes. __

TURN IT ON, TURN IT UP, TURN ME LOOSE

Words and Music by KOSTAS
and WAYLAND PATTON

YOU'RE THE ONE

Words and Music by
DWIGHT YOAKAM

SUSPICIOUS MINDS

Words and Music by
FRANCIS ZAMBON

48

IT ONLY HURTS WHEN I CRY

Words and Music by DWIGHT YOAKAM
and ROGER MILLER

The on-ly time I feel the pain is in the sun - shine or the rain. And I don't feel no hurt at all un-less you count when tear-drops fall. I tell the truth 'cept when I

AIN'T THAT LONELY YET

Words and Music by KOSTAS
and JAMES HOUSE

A THOUSAND MILES FROM NOWHERE

Words and Music by
DWIGHT YOAKAM

Moderately

I'm a thou - sand miles___ from no - where.

Time don't mat - ter to me,___ 'cause I'm a thou - sand miles___ from no -

where___ and there's no___ place I___ want to be.___

FAST AS YOU

Words and Music by
DWIGHT YOAKAM

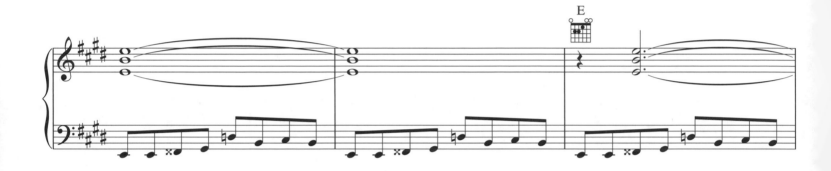

May-be some-day I'll __ be strong. __ May-be it won't __ be __ long. __
May-be I'll do __ things right. __ May-be I'll start _____ to-night. __

Instrumental

'Til the pain that shakes me fi-n'lly makes me get up off __ of my knees.

Yeah, yeah, yeah, yeah. May-be I'll be fast __ as you, __ may-be I'll break __ hearts __ too. __ I think that you'll slow

CRAZY LITTLE THING CALLED LOVE

Words and Music by
FREDDIE MERCURY

Oh, this thing ___ called
___ called

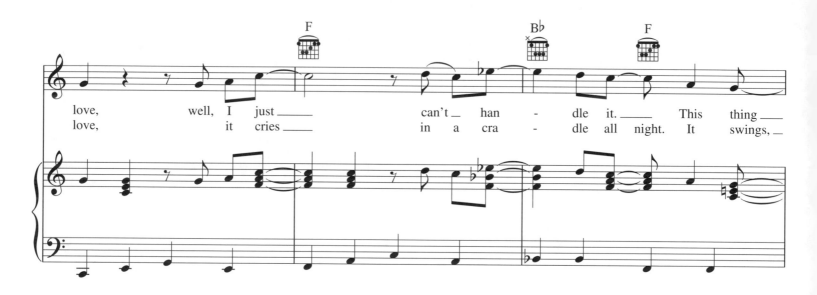

love, well, I just ___ can't han - dle it. ___ This thing ___
love, it cries ___ in a cra - dle all night. It swings, ___

___ called love, I ___ must ___ get a -
___ it jives, it shakes ___ all o - ver like a

I got - ta be cool, ___ re - lax, ___

a - get hip, ___ a - get on my tracks. Take a

back seat, ___ hitch - hike ___ to take a lit - tle long ___ ride ___ on my

I WANT YOU TO WANT ME

Words and Music by
RICK NIELSEN

Bright Two-beat

lyrics:

want you to want ___ me.   I

need you to need ___ me.   I'd

THINGS CHANGE

Words and Music by
DWIGHT YOAKAM

Instrumental

how a love ___ that could grow ___
so." I said, "I don't ___ care to know." ___

would be - come so es - tranged."
She said, "You once cried my ___ name."

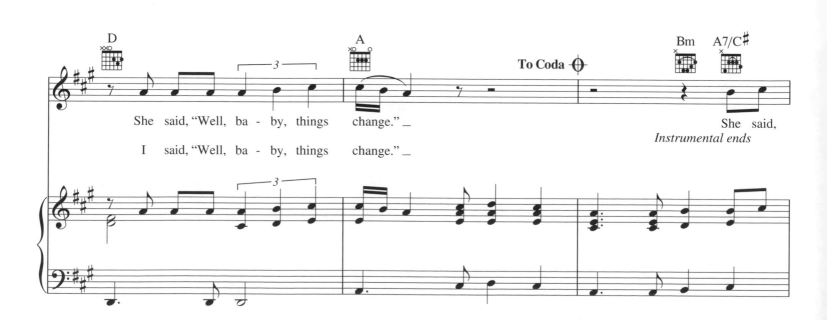

To Coda ⊕

She said, "Well, ba - by, things change." ___
I said, "Well, ba - by, things change." ___

She said,
Instrumental ends

"Na na na na na, now, now, now, ba - by, don't __ try __
Na na na na na, now, now, so, ba - by, I quit try - in'

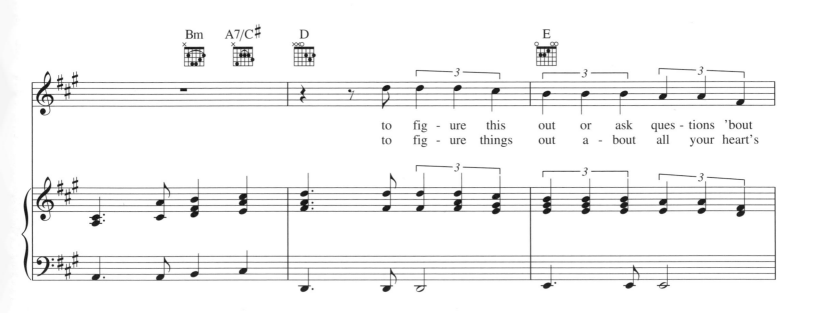

to fig - ure this out or ask ques - tions 'bout
to fig - ure things out a - bout all your heart's

why." __
ly - in'.

"For - ev - er's a
For - ev - er's a

prom - ise no love can sur - vive,_____ and trust with
prom - ise we could - n't sur - vive._____ Hey, I may be

hearts   just don't ap - ply."__
slow,   but I ain't blind.__

1
She said, "'Cause, ba - by, things change."__

2
D.S. al Coda
She said, "I still love you

LATE GREAT GOLDEN STATE

Words and Music by
MIKE STINSON

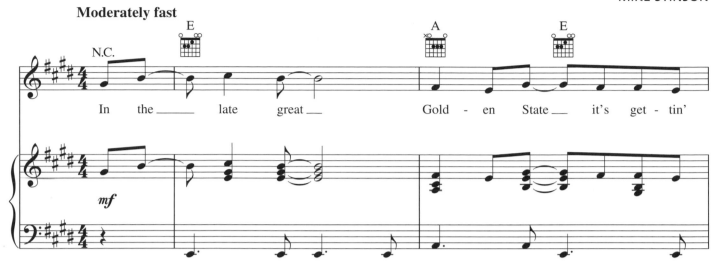

In the ___ late great ___ Gold - en State ___ it's get - tin'

hard ___ to ne - go - ti - ate ___ when you're one slip ___ from a

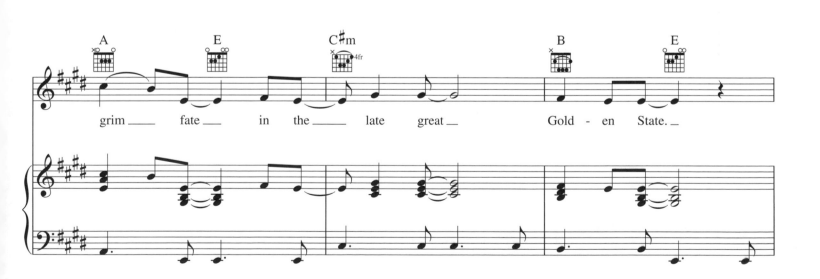

grim ___ fate ___ in the ___ late great ___ Gold - en State. ___

In the ___ late great ___ Gold - en State ___ I don't ___

___ do ___ much, but I'm al - ways late. ___ I ain't old, ___ just ___

___ out of date ___ in the ___ late great ___ Gold - en State. ___ I caught

THE BACK OF YOUR HAND

Written by
GREGG LEE HENRY

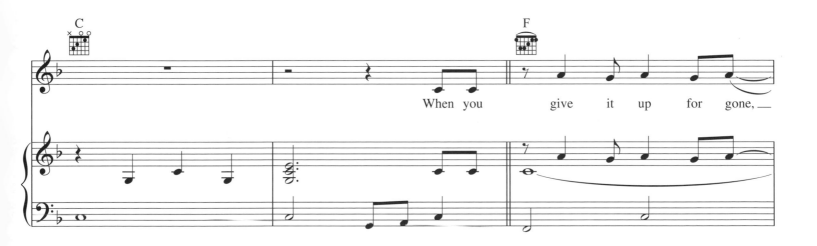

When you give it up for gone, ___

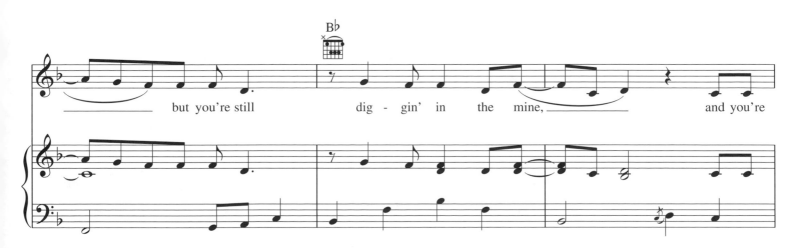

___ but you're still dig - gin' in the mine, ___ and you're